BEI GRIN MACHT SICH IHR WISSEN BEZAHLT

AF167224

- Wir veröffentlichen Ihre Hausarbeit, Bachelor- und Masterarbeit

- Ihr eigenes eBook und Buch - weltweit in allen wichtigen Shops

- Verdienen Sie an jedem Verkauf

Jetzt bei www.GRIN.com hochladen und kostenlos publizieren

Biologische Psychologie. Nervensystem, Hypophysenhormone und Neurofeedback

Julia Schierle

Bibliografische Information der Deutschen Nationalbibliothek:

Die Deutsche Nationalbibliothek verzeichnet diese Publikation in der Deutschen Nationalbibliografie; detaillierte bibliografische Daten sind im Internet über http://dnb.d-nb.de abrufbar.

ISBN: 9783346299802
Dieses Buch ist auch als E-Book erhältlich.

Druck und Bindung: Books on Demand GmbH, Norderstedt Germany
Gedruckt auf säurefreiem Papier aus verantwortungsvollen Quellen

Das vorliegende Werk wurde sorgfältig erarbeitet. Dennoch übernehmen Autoren und Verlag für die Richtigkeit von Angaben, Hinweisen, Links und Ratschlägen sowie eventuelle Druckfehler keine Haftung.

Das Buch bei GRIN: https://www.grin.com/document/956122

Biologische Psychologie

Online eingereicht am :   25.05.2020

Inhalt

Abkürzungsverzeichnis..I

Abbildungsverzeichnis...II

Unterschied zwischen dem somatischen und negativen
Nervensystem..1

Funktion von vier ausgewählten
Hypophysenhormonen...5

Ptinzip und Anwendungsmöglichkeiten von
Neurofeedback...11

Literaturverzeichnis...16

Abkürzungsverzeichnis

ZNS	Zentrales Nervensystem
ANS	Autonomes Nervensystem
ADH	Antidiuretisches Hormon
ACTH	adrenocorticotropic hormone
CRF	Kortikotropin-Releasing Faktor
LTH	laktotropes Hormon
EEG	Elektroenzephalogramm

Abbildungsverzeichnis

Abbildung 1: Somatisches und vegetatives Nervensystem 1

Abbildung 2: Gehirnwellen 13

Teilaufgabe 1

Zunächst ist festzuhalten, dass das somatische ebenso wie das vegetative Nervensystem verschiedene Komponenten des peripheren Nervensystems sind. Dies bedeutet, in der Summe repräsentieren das vegetative sowie das somatische Nervensystem alle diejenigen Nerven, die nicht zum Gehirn und Rückenmark gehören.[1] Abbildung 1 stellt die beiden Nervensysteme mitsamt der Komponenten gegenüber.

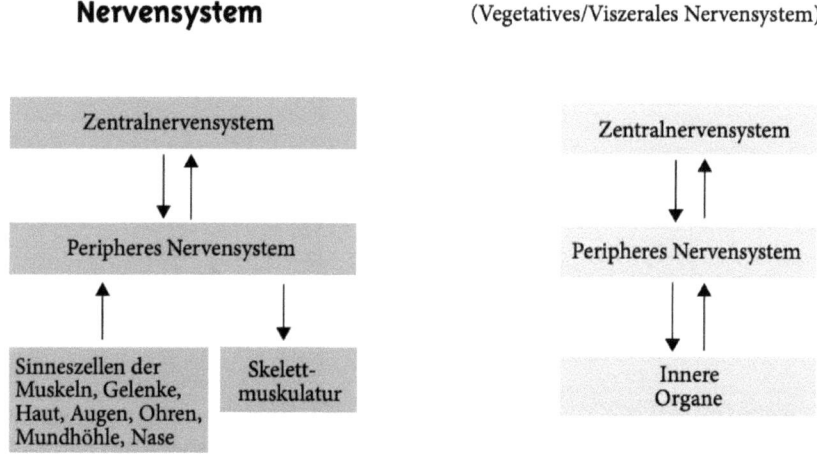

Abbildung 1: Somatisches und vegetatives Nervensystem[2]

---

[1] Vgl. Karim & Eck 2005, S.25 f.
[2] Grafik entnommen aus Schandry S. 110

Alle Nerven, die zum oder von der Haut, den Skelettmuskeln und den Gelenken zum Zentralen Nervensystem führen (ZNS), werden als somatisches Nervensystem zusammengefasst. Dabei sind afferente Nerven diejenigen Nerven, die Informationen der Haut, der Gelenke und Muskeln zum ZNS transferieren und efferente jene, die Informationssignale vom ZNS in die Skelettmuskulatur übertragen.[3] Wie in Abbildung 1 dargestellt gehören aber auch die Sinneszellen der Augen, Ohren, Mundhöhle und Nase dazu, da diese ebenso eine direkte Interaktion mit der Umwelt durch entsprechende Sensoren ermöglichen.

Die afferenten Signale die im Rahmen des somatischen Nervensystems (Signalübertragungen zum ZNS) übertragen werden, sind sensorische Informationen. Die efferenten Signale (Signalübertragungen vom ZNS) des somatischen Nervensystems sind motorische Informationen, die in die Skelettmuskeln übertragen werden. Somit ist das somatische Nervensystem für die bewusst gesteuerte Bewegung und die Interaktion mit der Umwelt verantwortlich, da es die Informationen der Rezeptoren verarbeitet und die Skelettmuskeln und Gelenke steuert.[4] Daher ist das somatische Nervensystem für die Motorik und Sensorik im menschlichen Körper verantwortlich.[5]

Die Hautnerven als Teile des somatischen Nervensystems (auch animalisches Nervensystem genannt) senden Signale, die über Sensoren in der Haut aufgenommen werden in das ZNS. Gleichzeitig werden von der Haut efferente Signale an die Schweißdrüsen, Hauthaare sowie Blutgefäße gesendet.[6] Der komplexe Tastsinn wird ebenfalls über die Haut kontrolliert und befähigt den Menschen dazu, Oberflächen zu ertasten und wiederzuerkennen.[7] Dies äußert sich dann in direkten Reaktionen auf äußere taktile Einwirkungen auf die Haut. Darüber hinaus können auch Temperaturschwankungen über die Haut wahrgenommen werden und entsprechende Reaktionen, wie das Aufstellen der Hauthaare, Schweißproduktion oder Hauterwärmung durch verstärkte Durchblutung der Blutgefäße hervorrufen werden. Dies geschieht über die in der Haut vorhandenen Kalt-und Warmsensoren (Thermosensoren).[8]

Die Skelettmuskelnerven werden durch Efferenzen vom ZNS gesteuert und sorgen für die Fähigkeit der bewussten Bewegung. Gelenknerven wiederum stellen die Afferenzen der

---

[3] Vgl. Karim & Eck 2005, S.26
[4] Vgl. Corr 2006, S. 71
[5] Vgl. Schandry 2016, S. 110
[6] Vgl. Birbaumer 2010, S. 27 ff.
[7] Vgl. Schandry 2016, S. 229 ff.
[8] Vgl. Schandry 2016, S. 236

Gelenke zum ZNS dar und erhalten gleichzeitig Informationen der Blutgefäße der Gelenke und der Gelenkkapseln. [9] Die Sensoren in den Muskeln und Gelenken ermöglichen die sogenannte Tiefensensibilität, also das koordinierte Bewegen. Dazu zählt zum einen der Stellungssinn, welcher die Koordination der Stellungen der einzelnen Gliedmaßen regelt. Der Bewegungssinn wiederum kontrolliert die Geschwindigkeit und Richtung von Bewegungen der Gelenke und Muskeln. Der Kraftsinn signalisiert schließlich die benötigte Aufwendung von Muskelkraft entgegen äußerer Einflüsse wie z.b. der Schwerkraft, um geeignete Bewegungen und Stellungen von Gelenken zu ermöglichen. [10]

Darüber hinaus ermöglicht das somatische Nervensystem das Sehen, Riechen, Hören und Schmecken sowie das Schmerzempfinden des Menschen. Demnach ist das somatische Nervensystem für vollständige Sinneserleben durch die einzelnen Sinne zuständig, da es die Interkation des Menschen mit der Umgebung darstellt. [11]

Demgegenüber steht das vegetative Nervensystem (auch autonomes Nervensystem genannt) als weiterer Bestandteil des peripheren Nervensystems. [12] Im Gegensatz zum somatischen Nervensystem, in dem hauptsächlich Afferenzen von den Sensoren in der Haut, dem Ohr, der Mundhöhle, den Muskel, den Gelenken, der Nase und den Augen zum ZNS hin führen und somit eine Informationsübertragung von den Sinnesorganen als Reaktion auf die Interaktion mit der Umwelt generieren, verfügt das vegetative Nervensystem über deutlich mehr Efferenzen. Im somatischen Nervensystem führen nämlich die einzigen Efferenzen zu den Skelettmuskeln, im vegetativen Nervensystem sind alle weiteren Efferenzen vereint. [13]

Das vegetative Nervensystem besteht aus drei Subsystemen. [14] Fast alle Nerven des vegetativen Nervensystems, die die einzelnen Organe mit dem ZNS verbinden, finden ihren Ursprung (Ganglien) im Rückenmark und werden dabei zum einen in den Sympathikus (sympathisches Nervensystem) und zum anderen in den Parasympathikus (parasympathisches Nervensystem) unterteilt. Ausnahmen sind beispielsweise die Schweißdrüsen und viele

---

[9] Vgl. Birbaumer 2010, S. 29
[10] Vgl. Birbaumer 2010, S. 339
[11] Vgl. Schandry 2016, S. 218
[12] Vgl. Karim & Eck 2015, S. 26
[13] Vgl. Birbaumer 2010, S. 27
[14] Vgl. Schandry 2016, S. 164

Blutgefäße. Darüber hinaus besteht das autonome Nervensystem (ANS) zusätzlich aus einem dritten System, dem Darmnervensystem. [15]

Das ANS regelt jegliche grundlegenden und lebensnotwendigen Funktionen des Körpers: Atmung, Verdauung, Stoffwechsel, Herzkreislauf, Drüsenaktivitäten, Körpertemperaturen und Fortpflanzung. Im Gegensatz zum somatischen Nervensystem können hier Aktivitäten weniger bewusst gesteuert werden, sondern verlaufen automatisch, daher auch der Begriff autonomes Nervensystem. [16]

Durch die Vielzahl an Efferenzen werden Phänomene des menschlichen Körpers wie beispielsweise der Anstieg von Muskeldurchblutung, erhöhte Schweißproduktion und Auslösen von Speichel- sowie Magensaftsekretion hervorgerufen. Diese Vorgänge laufen begleitend zu aktiven Handlungen (z.B. schnelles Sprinten führt zu einer erhöhten Schweißproduktion infolge erhöhter Körpertemperatur) ab, sind jedoch nicht nur passive Erscheinungen, sondern werden aktiv, wenn auch nicht willkürlich, vom Gehirn gesteuert.[17] Dabei regelt das sympathische Nervensystem die Reaktionen bei Stress bzw. erhöhten körperlichen Anforderungen. Bei erhöhter körperlicher Aktivität werden somit zu Beispiel der Blutdruck erhöht, Pupillen erweitert und die Körpertemperatur erhöht.[18]

Dem gegenüber steht das komplementär wirkende parasympathische Nervensystem, welches Organaktivitäten in Ruhephasen, während der Regeneration oder Entspannung hervorruft. Im ruhenden bzw. schlafenden Zustand wird hierdurch zum Beispiel die Verringerung der Herz-Kreislauf-Aktivität bewirkt. Dabei ist festzuhalten, dass das sympathische und das parasympathische Nervensystem nicht einander entgegenwirken, sondern gemeinsam für die optimale Einstellung organischer Reaktionen auf eine gegebene Situation sorgen.[19]

Das Darmnervensystem als dritter Bestandteil des ANS ist mit ungefähr 100 Millionen Neuronen so komplex wie das Nervensystem des Rückenmarks und wird daher auch als „Gehirn des Darms" bezeichnet. Durch das Darmnervensystem wird die Verdauungsaktivität des Darms vornehmlich unabhängig vom restlichen Nervensystem koordiniert, wenn auch Anschlüsse an den Sympathikus und Parasympathikus bestehen. So werden zum Beispiel die

---

[15] Vgl. Birbaumer 2010, S. 164
[16] Vgl. Birbaumer 2010, S. 102
[17] Vgl. Birbaumer 2010, S. 102
[18] Vgl. Schandry 2016, S. 164
[19] Vgl. Schandry 2016, S. 164 f.

die Kontraktion der der Darmwände durch der Muskelaktivität sowie die Sekretionsprozesse kontrolliert. [20]

Abschließend lässt sich festhalten, dass der Unterschied zwischen dem somatischen und dem vegetativen Nervensystem in den verschiedenen Zuständigkeiten und verarbeiteten Signalen liegt. Während das somatische Nervensystem die Interaktion des menschlichen Körper mit der Umwelt sowie die bewusste Bewegung des Körpers reguliert und steuert, ist das vegetative Nervensystem für die Interaktion mit der inneren Umgebung des Körpers, also den Eingeweiden und Organen, und der Regulation der grundlegenden Prozesse wie dem Blutkreislauf, des Herzens, der Verdauung und der Genitalien zuständig.[21] Ein weiterer Unterschied zwischen beiden Nervensystemen besteht in der Willkürlichkeit. Während das somatische Nervensystem oft gesteuert werden kann, laufen die Prozesse des vegetativen Nervensystems unwillkürlich (und dennoch aktiv) ab.[22]

Teilaufgabe 2

Anmerkung der Redaktion: Diese Aufgabenstellung wurde aus urheberrechtlichen Gründen entfernt.

Die Hypophyse ist eine sich am Hypothalamus befindliche Hormondrüse, die durch Produktion verschiedener Hormone Aktivitäten des vegetativen Nervensystems koordiniert.[23] Dabei wird zwischen ausschüttungsfördernden (Releasing-Hormonen) und -hemmenden (Inhibiting-Hormonen) unterschieden.[24] Im Folgenden werden Funktionen von vier ausgewählten Hormonen, die von der Hypophyse ausgeschüttet werden, vorgestellt.

---

[20] Vgl. Schandry 2016, S. 167
[21] Vgl. Corr 2006, S. 71
[22] Vgl. Schandry 2016, S.110
[23] Vgl. Schandry 2016, S. 131 f.
[24] Vgl. Birbaumer 2010, S.126

ADH:

Das antidiuretische Hormon (auch Adiuretin bzw. ADH genannt) ist für die Steuerung der Wasserausscheidung zuständig. Dazu wird die Harnkonzentration in der Niere reguliert. Es führt bei höheren Konzentrationen auch zur Kontraktion von glatten Muskulaturen in den Wänden von Blutgefäßen, weshalb es auch manchmal Vasopressin genannt wird.[25] Es wird im Hinterlappen der Hypophyse produziert.[26]

Da das ADH die gesamte Regulation des Wasserhaushaltes des Körpers kontrolliert, kommt diesem eine vitale Rolle zu, nicht zuletzt, da der Körper zu 60 Prozent aus Wasser besteht. Bei akutem Flüssigkeitsmangel des Körpers wird dies durch Neuronen registriert und im nächsten an die ADH-produzierende Hypophyse weitergeleitet. Dadurch wird ADH in das Blut ausgeschüttet und in die Nieren transportiert. Dort wird wiederum die Produktion von Urin gehemmt. Im anderen Fall, wenn der Körper genug bzw. zu viel Wasser beinhaltet, wird die Produktion von ADH reduziert bzw. gehemmt. Dies wiederum führt zur erhöhten Produktion von Urin in den Nieren und infolge dessen zum verstärkten Ausscheiden von Wasser in Form von Harnflüssigkeit.[27] Die Verringerung der Harnmenge wird Antidiurese und die Erhöhung dieser Diurese genannt.[28]

Die Ausschüttung von ADH durch die Hypophyse wird durch die Bestimmung des Verdünnungsgrades des Blutes gesteuert. Wird der osmotische Druck an den Rezeptoren der Hypophyse nur geringfügig (1% Erhöhung) erhöht, führt dies umgehend zu einer Ausschüttung von ADH. [29] Diese Produktion von ADH wiederum wird durch die Konzentration von Natrium-Ionen im Extrazellulärraum der Hypophyse gesteuert. Bei geringem Wassergehalt im Blut ist diese Konzentration hoch und führt infolge zur Freisetzung von ADH, welches wiederum die Antidiurese bewirkt. Eine hoher Natrium-Ionen Konzentration führt demnach zur Diurese. Das Phänomen des Diabetus insipudus ist ein chronisches Durstgefühl, bewirkt durch dauerhafte fehlende bzw. eingeschränkte ADH-Produktion infolge von Tumoren in der Hypophyse.[30]

---

[25] Vgl. Schandry 2016, S. 188
[26] Ebd.
[27] Vgl. Corr 2006, S. 180
[28] Vgl. Birbaumer 2010, S. 248
[29] Vgl. Schandry 2016, S. 188
[30] Vgl. Birbaumer 2010, S. 248

Darüber hinaus konnte bewiesen werden, dass die ADH-Konzentration im Gehirn eine Rückkopplung auf die sexuelle Aktivität haben hat. Erhöhter ADH-Gehalt führt demnach zu erhöhter Intensität von sexueller Aktivität. Ebenso hat Mangel an ADH verminderte Lern-und Gedächtnisfunktionen zur Folge. Auch das Empfinden von Angst und Stress wird durch einen ADH-Mangel verstärkt. Diese Funktionen sind jedoch nicht eindeutig auf ADH zurückzuführen, da das ADH selbst in vielen Fällen ein Neurotransmitter ist und daher die Ausschüttung anderer Hormone bewirken kann, die wiederum zu den genannten registrierten Beobachtungen führen können. Darüber hinaus sind dies neuartige Befunde aus Tierversuchen, die nicht vorbehaltslos auf den Menschen übertragen werden dürfen.[31]

ACTH:

Durch das Releasinghormon CRH (corticotropin-releasing hormone, zu Deutsch: Kortikotropin-Releasing Faktor = CRF) wird die Ausschüttung von ACTH in der Hypophyse ausgelöst. ACTH steht für adrenocorticotropic hormone (zu Deutsch: adrenokortikotropes Hormon) und kontrolliert die Produktion von Glukokortikoiden wie zum Beispiel Kortisol in der Nebennierenrinde. Kortisol wiederum hemmt die Ausschüttung von CRH, sodass hier ein negativer Rückkopplungseffekt vorliegt.[32]

Die Ausschüttung von Glukokortikoiden (Kortikosteroiden) wird durch verschiedene Stresssituationen ausgelöst und erhöht den Blutzuckergehalt sowie den Stoffwechsel im menschlichen Körper. Dadurch wird der Körper dazu befähigt in Stresssituationen deutlich mehr Energie bereit zu stellen, um auf diese reagieren zu können.[33] Derartige Stresssituationen können Temperaturänderungen des Körpers durch äußere Einflüsse, bei Blutverlust oder der Angst während eines Kampfes sein.[34] Stesssituationen führen demnach zu erhöhter Ausschüttung von CRH, dies wiederum führt zu verstärkter Sekrestion von ACTH in der Hypophyse, welche in der Folge eine höhere Kortisolprodutkion in der

---

[31] Vgl. Schandry 2016, S. 188
[32] Vgl. Corr 2006, S. 179
[33] Ebd.
[34] Vgl. Schandry 2016, S. 320

Nebennierenrinde bewirken.[35]Auch psychische Stressfaktoren können hierbei positiv auf die Ausschüttung wirken.[36]

Außerdem wird die ACTH-Ausschüttung beispielsweise in den Morgenstunden kurz vor einem bevorstehenden Aufwachen erhöht, um eine stärkere Energiebereitstellung für den Körper zu ermöglichen. Studien belegen, dass depressive Personen eine erhöhte ACTH-Ausschüttung aufweisen und daher häufig früher aufstehen und unter Schlafmangel leiden können.[37]

Durch die Anregung von Glukoneogenese, also die Umwandlung von Aminosäuren in Glukose, in der Leber sorgen Glukokortikoide für eine erhöhte Bereitstellung von Glukose. Diese wiederum sorgt für einen konstanten Blutzuckergehalt bei physiologischen Stresssituationen wie zum Beispiel Hunger oder ähnlichen Situationen, in denen der Energiehaushalt nicht ausgeglichen ist und wenig Glukose im Blutkreislauf vorhanden ist bzw. mehr verbraucht wird. Das Kortisol als wichtigstes Glukokortikoid wirkt darüber hinaus durch Lipolyse, also die Freisetzung von Glyzerin und Fettsäuren aus den Fettvorräten, als Gegenspieler zum Insulin.[38]

Des Weiteren hat die Ausschüttung von Kortisol in stark erhöhten Mengen eine hemmende Wirkung auf die Infektabwehr des Körpers. Darüber hinaus wirkt Kortisol entzündungshemmend und hemmt die Erweiterung von Gefäßen in Gebieten lokaler Entzündungen und reduziert somit Schwellungen. Auch eine antiallergische Wirkung konnte dem Kortisol nachgewiesen werden.[39]

Auswirkungen auf das Nervensystem durch Kortisol können beispielsweise zu Krämpfen führen, was insbesondere für Epilepsiepatienten gefährlich sein kann. Außerdem kann es zu Depressionen und Schlafstörungen bei erhöhtem Kortisolspiegel kommen. Auch Sinnesorgane könne hiervon beeinträchtigt werden, sodass zwischen süß und salzig schwerer unterschieden werden kann.[40]

---

[35] Vgl. Birbaumer 2010, S. 133
[36] Vgl. Schandry 2016, S. 187
[37] Vgl. Corr 2006, S. 179
[38] Vgl. Birbaumer 2010, S. 132 f.
[39] Vgl. Birbaumer 2010, S. 133
[40] Ebd.

Oxytozin:

Ebenso wie das ADH wird das Oxytozin im Hypophysehinterlappen produziert. Bezüglich der Geburt, des Stillens sowie des Sexualverhaltens und sozialer Interaktionen des Menschen im Allgemeinen kommt dem Oxytozin eine zentrale Bedeutung zu. So führt die Ausschüttung von Oxytozin zur Kontraktion der Gebärmuttermuskulatur und infolgedessen zu den Wehen während der Geburt. [41] Durch den sogenannten Ferguson-Reflex wird durch das Heranwachsen des Mutterkuchens infolge der Schwangerschaft mehr Oxytozin ausgeschüttet. Durch die erhöhte Konzentration von Östrogen während der Schwangerschaft wird der Uterus zusätzlich anfälliger auf die Wirkung des Oxytozins, wodurch die Wehentätigkeit ausgelöst wird. Bei Mann und Frau wird die Annäherung auf sexuelle Weise ebenfalls durch das Oxytozin beeinflusst. [42]

Auch bezüglich der Milchproduktion in der weiblichen Brust nimmt das Oxytozin eine wichtige Rolle ein. Durch das Andocken und Saugen an der Brust durch den Säugling werden Signale über Nervenwege zur Hypophyse transferiert. Dadurch kommt es zur Sekretion von Oxytozin und zur Ausschüttung in den Blutkreislauf. Dies wiederum bewirkt die Milchproduktion in der Brust.[43] Durch das Saugen an den Mechanorezeptoren der Brust nämlich werden neuronale Signale an die Hipophyse geleitet und das Oxytozin sorgt für eine Kontraktion der Muskulatur der Milchdrüsen, welche dadurch die Milchinjektion in der Brust bewirken.[44]

Diverse Studien belegen, dass sich eine Erhöhung des Oxytozinspiegels im Blut direkt negativ auf die Gedächtnis- und Lernleistung auswirkt. Ferne belegen weitere Studien, dass Oxytozin, dass soziale Verhalten von Menschen beeinflussen. So kann ein erhöhter Oxytozinspiegel zu häufigerem Blickkontakt, erhöhtem Vertrautheitsgefühl, erhöhter Empathie, Verstärktem Erinnerungsvermögen für Gesichter, Reduktion von Angst und Stress sowie großzügigerem Verhalten führen. In Stresssituationen wird Oxytozin verstärkt produziert und hat eine stresslindernde Wirkung. [45]

Während eines Orgasmus, sowohl bei Männern als auch bei Frauen, wird die Ausschüttung von Oxytozin um das drei bis fünf fache erhöht und sorgt ähnlich wie Vasopressin für die

---

[41] Vgl. Schandry 2016, S. 188
[42] Vgl. Birbaumer 2010, S. 128
[43] Vgl. Schandry 2016, S. 189
[44] Vgl. Birbaumer 2010, S. 128
[45] Vgl. Schandry 2016, S. 189

Erweiterung der Gefäße. Oxytozin ist darüber hinaus berührungssensitiv und ist daher für die gefühlte romantische Liebe verantwortlich. Auch kann diese berührungsgesteuerte Ausschüttung dieses Hormons konditioniert werden. So zum Beispiel kann bei der Berührung bestimmter Personen, die Ausschüttung von Oxytozin besonders verstärkt werden. Während des Sexualverhaltens steigert Oxytozin die Produktion von Testosteron, bei Frauen und Männern gleichermaßen, was wiederum sexuelle Aktivität erhöht. Die Ausschüttung von Oxytozin kann durch das Berühren der weiblichen und männlichen Sexualorgane sowie Brustwarzen gesteigert werden. Dadurch, dass die Produktion von Oxytozin durch eine Erhöhung des Östrogengehalts nochmals gefördert wird, ist dieser Effekt bei Frauen umso stärker. Darüber hinaus kann durch die Berührung in Form einer Umarmung nach einem Streit der Oxytozingehalt erhöht werden, was im Umkehrschluss zu mehr Empathie führen kann und somit der Prozess des Versöhnens nach einem Disput hormonell bedingt gesteigert und beeinflusst werden kann.[46]

LTH:

LTH steht für laktotropes Hormon und wird häufig auch Prolaktin genannt. Analog zum Oxytozin bewirkt das Prolaktin eine erhöhte Milchproduktion in der weiblichen Brust während der Schwangerschaft. Darüber hinaus ist dieses Hormon für das Wachstum der weiblichen Brust in der Pubertätsphase verantwortlich. Ebenso wie im Abschnitt zum Oxytozin erläutert, werden durch das Saugen an der Brustwarze der Frau Neuropeptidhormone ausgeschüttet, welche wiederum zur Sekretion von Prolaktin in der Hypophyse führen.[47] Prolaktin wird in der vorderen Hypophyse sowie in im Hirn und im Uterus der Frau produziert.[48]

Durch die Produktion von Prolaktin wird die Produktion von Gnadotropinen gehemmt. Diese wiederum sind für das Wachstum von Geschlechtsorganen zuständig. Durch die Hemmung ebendieses Hormons, ist das häufige Ausbleiben des ovarialen Zyklus während der Schwangerschaftsphase begründet. Männer weisen in der Regel 70% des Prolaktingehaltes von Frauen auf. Prolaktin wirkt bei Männern hemmend auf die Produktion von Spermien und

---

[46] Vgl. Corr 2006, S. 180 f.
[47] Vgl. Schandry 2016, S. 186
[48] Vgl. Corr 2006, S. 183

infolgedessen auf den sexuellen Trieb. Prolaktin wird häufig nicht in großen Mengen benötigt und wird durch Dopamin gehemmt. Prolaktin ist diversen Studien zufolge auch stressinduziert, das bedeutet, dass bei hohen psychischen Belastungen mehr Prolaktin ausgeschüttet wird und es dadurch zu reduziertem sexuellem Trieb infolge des Stresses kommt.[49]

Im Gegensatz zu den meisten anderen Hormonen, die in der Hypophyse freigesetzt werden und durch Freisetzung von Faktoren aus dem Hypothalamus stimuliert werden, unterdrückt in diesem Fall der Hypothalamus die Prolaktinsekretion (durch das zuvor erwähnte Dopamin). Darüber hinaus unterdrücken auch andere Hormone, einschließlich des Schilddrüsen-Releasing-Hormons (TRH), die Prolaktin-Freisetzung. Östrogen hat den gegenteiligen Effekt, insbesondere während der Spätschwangerschaft, wenn die Brust für die Milchproduktion vorbereitet wird.[50]

Teilaufgabe 3

Anmerkung der Redaktion: Diese Aufgabenstellung wurde aus urheberrechtlichen Gründen entfernt.

Zunächst ist ein Unterscheiden zwischen Biofeedback und Neurofeedback sinnvoll. Generell ist Biofeedback die autonom, also unwillkürliche Rückmeldung des Körpers auf äußere Einflüsse. Dies können beispielsweise Temperaturänderungen, Muskelanspannungen oder Schweißproduktion sein, also physiologische periphere Reaktionen auf äußere Einflüsse. Neurofeedback hingegen ist die neuronale Rückmeldung, also die Gehirnaktivität, welche am Elektroenzephalogramm (EEG) in Form von Ausschlägen sichtbar ist.[51] Die vielen Informationen aus der Umwelt werden vom Gehirn stetig verarbeitet. So entsteht eine Art Grundrauschen im Gehirn. Basierend darauf müssen wichtige Informationen gefiltert werden, was eine Einteilung in unterschiedliche Erregungslevel erforderlich macht, um Handlungen,

---

[49] Vgl. Corr 2006, S. 183
[50] Ebd.
[51] Vgl. Wagner et al 2017

Emotionen und das Denken und Verhalten im Allgemeinen beeinflusst. Diese Aufgabe des Gehirns erfordert eine enorme Arbeit, welche größtenteils unbewusst verläuft. Das Ziel des Neurofeedbacks ist es, diese unbewussten Vorgänge des Gehirns bewusst kontrollierbar zu machen, sodass etwaige Störungen dieser automatisierten Regulierung des Gehirns ausgeglichen bzw. reduziert werden können.[52]

Da die neuronale Gehirnaktivität messbar elektrische Reaktionen bewirkt, spricht man auch von elektrischer Gehirnaktivität. Daher wird es auch in manchen Quellen als EEG-Biofeedback bezeichnet. Diese kann durch das Neurofeedback-Training reguliert werden. Einzelne Schwingungsmuster lassen sich hierbei kategorisieren und in Folge dessen passende Maßnahmen ableiten, um die Gehirnaktivität steuern zu können.[53]

Das generelle Ziel des Neurofeedbacks ist es, sich der automatisch stattfindenden Reaktionen bewusst zu werden und somit die Gehirnaktivität bewusst steuern zu können, was wiederum einem Stresszustand entgegenwirken kann und demnach nachhaltig positive Auswirkungen auf den Gesundheitszustand von Patienten haben kann. Nicht nur psychisch, sondern auch physisch. Da durch die psychische Genese auch physiologische Rückkopplungen entstehen.[54] Man macht sich demnach die Erkenntnis bestimmter Gehirnaktivitätsmuster zu Nutze, um nachhaltig das Verhalten von Patienten positiv beeinflussen zu können.

Durch die registrierten Schwingungen im EEG lassen sich Frequenzen berechnen, die die Aktivität des Gehirns widerspiegeln. Im entspannten Zustand des Gehirns wird in der Regel ein Frequenzbereich von 8 bis 12 Hz eingehalten. Wellen mit dieser Frequenz werden als Alphawellen bezeichnet.[55] Im aufmerksamen Bewusstseinszustand werden sogenannte Betawellen im EEG aufgezeichnet. Diese haben eine Frequenz von 13 bis 30 Hz. Im Zustand ausgeprägter Konzentration und während des aktiven Lernens erzeugt das Gehirn Gammawellen mit einer Frequenz jenseits der 30 Hz. Thetawellen wiederum sind im EEG registrierte Wellen mit einer Frequenz von 4 bis 8 Hz und werden während des leichten Schlafes erzeugt. Schließlich gibt es noch die Deltawellen. Diese werden in während der Tiefschlafphase erzeugt und weisen eine Frequenz von 0,1 bis 4 Hz auf.[56] Veranschaulicht wird dies in den folgenden Abbildungen.

---

[52] Vgl. Haus et al 2016, S. 6
[53] Vgl. Karim & Eck 2015, S. 65
[54] Ebd.
[55] Vgl. Wagner et al 2017
[56] Vgl. Karim & Eck 2015, S., 80

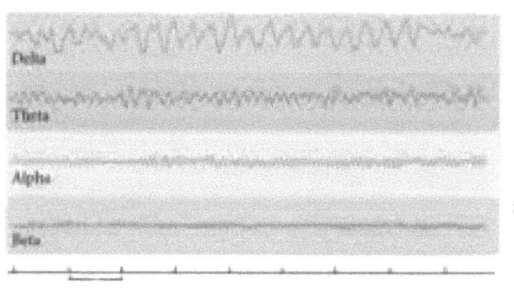

Frequenzband (Wellentyp)	Frequenzbereich in Hz
Delta (δ)	0,5-3
Theta (θ)	4-7
Alpha (α)	8-13
Beta (β)	14-30
Gamma (γ)	31-100

Birbaumer & Schmidt, 7. Aufl., S. 469
Schandry, 4. Aufl., S. 518

Abbildung 2: Gehirnwellen[57]

Um diese Signale messen zu können, werden Elektroden an der Oberfläche des Kopfes eines Patienten angebracht. Somit können elektrische Signale des Gehirns gemessen und im EEG angezeigt werden.[58] Ein grundsätzlicher Ansatz während der Anwendung des Neurofeedbacks an Patienten ist, die Bewusstmachung entspannter Zustände, während des Anschlusses des Gehirns an ein EEG. Beispielsweise werden Patienten durch dezente Tonsignale signalisiert, dass sie den Alphafrequenzbereich verlassen haben bzw. diesen gerade erreicht haben. Somit werden sie dazu angeregt den entspannten Zustand beizubehalten. Nach kurzer Zeit erledigt das Gehirn diese Regulierung von alleine, um diesen Zustand zu erhalten. Wenn zusätzlich dazu weitere Reize (neben dem Tonsignal) mit dem Beibehalten des entspannten Zustands in Verbindung gebracht werden, ist es Patienten auch nachträglich möglich durch diese Konditionierung des Gehirns eine Rückkehr in den entspannten Zustand auszulösen.[59]

Eine weitere Anwendung des Neurofeedbacks sieht es vor, den Patienten visuell über seine Gehirnaktivität zu unterrichten. Dies bedeutet, dass die Signale auf dem EEG in Form einer Ballbewegung dem Patienten präsentiert werden. Durch das Einhalten der Betaaktivität, also der Aufmerksamkeitsphase, wird der Patient mit entsprechenden Bildern wie zum Beispiels Smileys oder ähnlichen belohnt und somit im Laufe der Untersuchung dazu konditioniert, diesen aufmerksamen Zustand des Gehirns beizubehalten. Dieser Anwendungsansatz ist besonders bei Kindern zu empfehlen.[60]

---

[57] Birnbaumer & Schmid, 7. Aufl.,S.469
Schandry, 4. Aufl., S 518
[58] Vgl. Karim & Eck 2015, S. 66

[59] Vgl. Wagner et al 2017
[60] Vgl. Karim & Eck 2015, S. 66

Es gibt verschiedene Anwendungsmöglichkeiten des Neurofeedbacks. Beispielsweise wird dieses Verfahren bei Menschen mit ADHS, bei Alkoholikern, bei Autisten, bei Epileptikern und bei Personen mit Lernbehinderungen angewandt. Einer der größten und weitverbreitetsten Anwendungsbereiche des Neurofeedbacks sind ADHS-Patienten. Dies rührt daher, dass die medikamentöse Behandlung ebendieser häufig problematisch ist. Zum einen wirken die Medikamente in den meisten Fällen nur unter teilweise starken Nebenwirkungen und zum anderen möchten viele Patienten ab dem jugendlichen Alter schlichtweg keine Medikamente mehr zu sich nehmen. Daher ist das Neurofeedback ein ernstzunehmendes Behandlungsmittel, dass auch vielen Studien zufolge nachhaltige Effekte bewirkt hat. Ebendiese Nebenwirkungen, die häufig den ganzen Körper betreffen und jahrelang auftreten können, sind beim Neurofeedback nicht der Fall.[61]

ADHS-Patienten weisen bestimmte Gehirnaktivitätscharakteristika auf. So haben diese sehr stark ausgeprägte Müdigkeitsphasen, die sich durch Thetawellen (4 bis 8 Hz im EEG) erkennen lassen und gleichzeitig wenige Aufmerksamkeitsphasen (Betawellen mit 13 bis 40 Hz im EEG). Ziel eines Neurofeedbacktrainings bei ADHS-Patienten ist es demnach, die Betawellenaktivität zu steigern bzw. die Thetawellenaktivität zu verringern.[62] Dieses Verfahren nennt man auch Frequenzbandtraining. [63]

Durch das Frequenzbandtraining können ebenso Thetaaktivitäten verringern und gleichzeitig Entspanntheitsphasen verstärkt werden. Das bedeutet, dass nicht die Aufmerksamkeitsphasen Ziel der Verbesserung sind, sondern Entspanntheitsphasen, also Phasen mit einer Frequenz zwischen 12 bis 15 Hz, konditioniert werden sollen. Dies ist insbesondere bei Epilepsiepatienten wichtig. Auch gegen Schlafstörungen, Migräne sowie posttraumatische Belastungsstörungen bietet es sich an, Neurofeedback zu verwenden. Auch gegen Autismus und Suchterkrankungen kann ein Einsatz von Neurofeedback zu gezielten Konditionierung bestimmter Gehirnaktivitätsphasen eingesetzt werden. Auch Angstzustände, Panikstörungen und Phobien können mittels des Neurofeedbacktraings behandelt werden. Dabei werden ebenso gezielt Entspannungszustände des Gehirns gezielt angesprochen. Phasen außerordentlicher Belastung und des Stresses beim Aussetzen mit bestimmten Situationen oder Tieren (zum Beispiel bei einer Insektenphobie) werden im Rahmen dieser Anwendung bewusst hervorgerufen, jedoch durch mehrere Therapiesitzungen zu Entspannungsphasen neu konditioniert, sodass die Patienten in der Zukunft das zuvor präsente Gefühl der Angst durch

---

[61] Ebd.
[62] Vgl. Karim & Eck 2015, S. 65
[63] Vgl. Wagner et al 2017

Entspannung ersetzen können und demnach keine Phobien mehr aufweisen.[64] Dennoch ist die Anwendung von Neurofeedback bei ADHS-Patienten der bei Weitem dominanteste Anwendungsbereich.[65]

Ein weiterer Anwendungsbereich des Neurofeedbacks ist die sogenannte forensische Psychophysiologie. Hierbei geht es darum, durch wiederholtes Aussetzen einer Person mit bestimmten Tönen oder Bildern, auffällige EEG-Signale also elektrische Reize im Gehirn zu provozieren. Durch wiederholtes Hervorrufen dieser Signale, ist es in einem nächsten Schritt möglich das EEG-Grundrauschen aus dem EEG herauszufiltern und somit die hervorgerufenen außergewöhnlichen Signale sichtbar zu machen. So können verdächte Personen durch die Konfrontation mit bestimmten Tatortfotos, Waffen oder Geräuschen wie Tonbandaufnahme oder ähnlichem dahingehend enttarnt werden, als dass diese entsprechenden Tatbeweise Vertrautheitsgefühle bzw. Wiedererkennungen entlockt werden können. Ebendiese lassen sich durch oben genannte Verfahren im EEG wissenschaftliche belegbar sichtbar machen und somit können Verdächte mithilfe dieses Verfahrens überführt werden. Den entsprechende EEG-Signale können nur entstehen, wenn ein Vorwissen über vorgezeigt Bilder oder abgespielte Töne bestehen, was wiederum ein klares Indiz dafür sein kann, dass die Person mit einer vorgeworfenen Straftat in Verbindung steht. [66]

---

[64] Vgl. Haus et al 2016, S. 239 f.
[65] Ebd.
[66] Vgl. Karim & Eck 2015, S. 66

Literaturverzeichnis

Birbaumer, S. (2010): *Biologische Psychologie.* Springer. Heidelberg. 7. Auflage.

Corr, P., J. (2006): *Understanding Biological Psychology.* Blackwell. Oxford.

Haus, K.-M., Held, C., Kowalski, A., Krombholz, A., Nowak, M., Schneider, E., Strauß, G., Wiedemann, M. (2016): *Praxisbuch Biofeedback und Neurofeedback.* Springer. Heidelberg. 2. Auflage

Karim, A., A., Eck, G. (2015): *Studienbrief. Biologische Psychologie.* SRH Fernhochschule. Riedlingen.

Schandry, R. (2016): *Biologische Psychologie.* Beltz. Weinheim. 4. Auflage.

Wagner, F., Schneider, E., Dornuf, P., Strauß, G., Nehrlich, D., (2017): *Nachhaltiges Tuning fürs Gehirn. Neurofeedback.* Et Reha. Ausgabe 2017-2. S. 27-30